Maak je eigen sieraden met Fimo®

Maak je eigen sieraden met Fimo®

Carine Le Guilloux

DELTAS

Materiaal

Onmisbare benodigdheden

❶ Fimoklei
Fimoklei is een polymeerpasta die verkocht wordt door het merk FIMO®. Deze klei is gemakkelijk te kneden, waardoor je er allerlei vormen en motieven mee kunt maken. De fimoklei blijft hard als hij in de oven gebakken is. Meestal wordt hij verkocht in blokken van 56 gram in verschillende kleuren: voor elk idee is wel de juiste soort fimoklei te vinden! De 'Soft'- en 'Effect'-klei zijn gemakkelijk in het gebruik. Om een metaalkleurig, doorzichtig of glinsterend resultaat te krijgen, kun je het best voor de 'Effect'-klei kiezen. De 'Classic'-klei is moeilijker in het gebruik, omdat het langer duurt om hem in model te brengen, maar je kunt er wel nauwkeuriger mee werken en je ziet er minder vingerafdrukken in.

Fimoklei mag nooit in contact komen met voedingswaren.

❷ Latex handschoenen
Om geen sporen na te laten op je creaties, kun je het best handschoenen dragen. Toch is het geen ramp als je geen handschoenen draagt, want als je je werk na het bakken gewoon even gladschuurt met heel fijn schuurpapier verdwijnen alle vingerafdrukken!

❸ Glazen plaat
De glazen plaat wordt je werkvlak. Zo heb je een gladde en schone ondergrond om op te werken.

Je kunt de glazen plaat van een fotowissellijst gebruiken!

❹ Rol
De speciale 'fimorol' is handiger dan een gewone deegrol, want hij kleeft niet. Maar moet je de klei platrollen, dan kun je wel een gewone deegrol gebruiken, of elk ander voorwerp dat dezelfde vorm heeft.

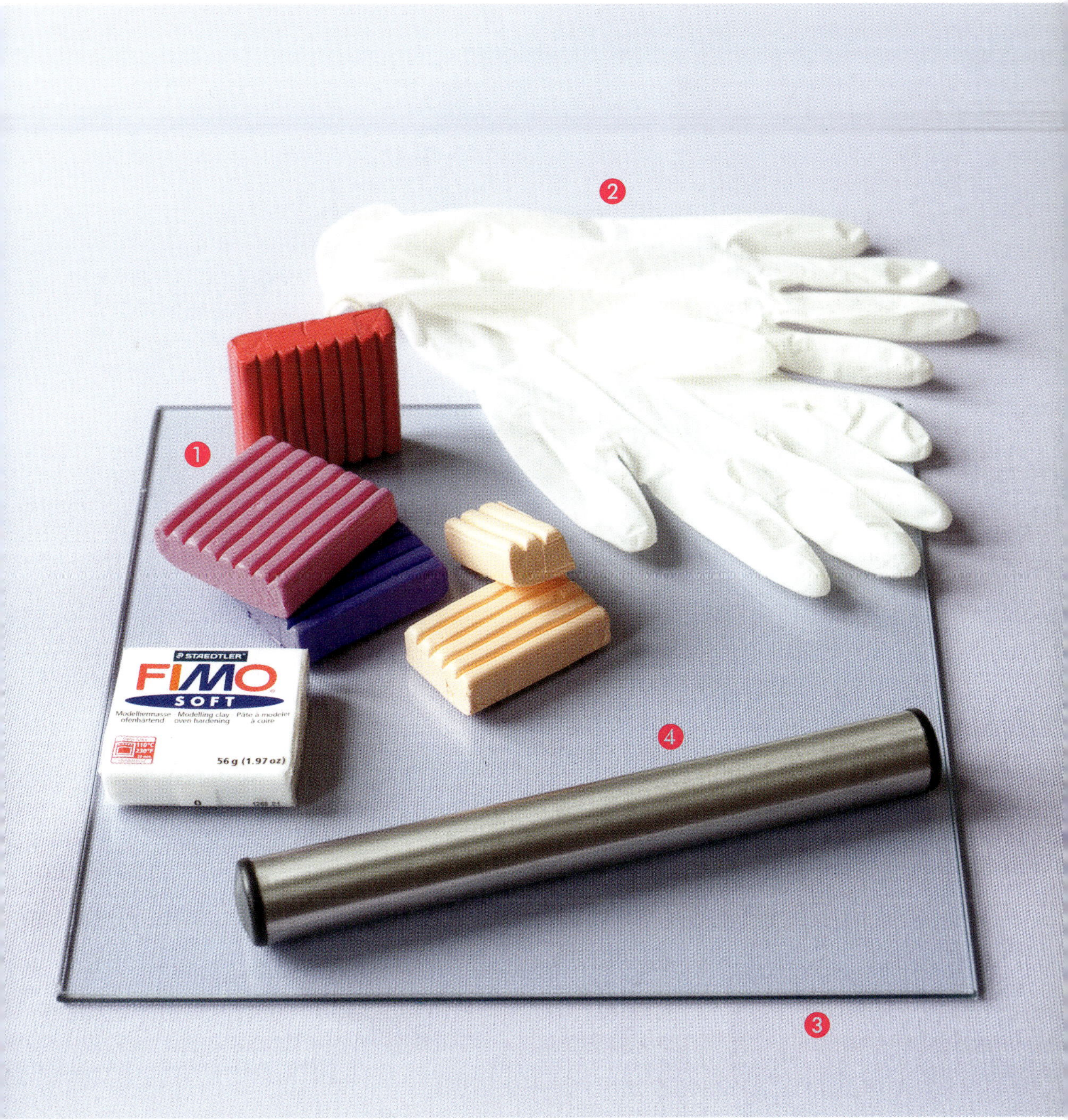
1
2
3
4
STAEDTLER
FIMO
SOFT
Modelliermasse ofenhärtend
Modelling clay oven hardening
Pâte à modeler à cuire
56 g (1.97 oz)

5 Hobbymes of een precisiemes
Een precisiemes is een klein hobbymes dat heel handig is als je kleine dingetjes moet uitsnijden. Er bestaan ook rechte en gekartelde mesjes, die in hobbywinkels te koop zijn.

6 Tandenstokers
Tandenstokers kun je gebruiken om lijntjes te trekken of gaatjes te maken, maar ze kunnen ook een belangrijk onderdeel zijn van een sieraad (bijvoorbeeld voor de suikerspin op bladzijde 44).

7 'Fimovernis' en ontsmettingsalcohol
Na het bakken kun je je sieraden vernissen zodat ze beschermd zijn en meer glanzen. Speciale 'fimovernis' is meestal op waterbasis: je kunt je penselen dus gemakkelijk onder de kraan uitspoelen! Als je vernis op basis van alcohol kiest, moet je je penseel na elk gebruik in ontsmettingsalcohol dopen, zodat hij niet hard wordt.

Pas op!
gebruik geen nagellak om je sieraden te laten glanzen, want daardoor kun je ze beschadigen en kan de fimoklei gaan kleven.

8 Penseel
Om fluweelpoeder (fun flock) aan te brengen of om kleine motiefjes te schilderen na het bakken, kun je het best een penseel gebruiken.

9 Uitsteekvormpjes
Er bestaan speciale uitsteekvormpjes voor fimoklei die heel handig zijn, in alle maten en vormen.

10 Stiften en haakjes
Stiften en haakjes zijn onmisbaar als je sieraden maakt. Voor stiften heb je na het bakken lijm nodig, maar voor haakjes niet. Maar haakjes zijn een beetje moeilijk te bevestigen: je moet heel erg opletten dat je ze niet vervormt.

11 Lijm
Om de stiften en de houdertjes na het bakken goed vast te zetten, kun je het best lijm gebruiken. Er bestaat ook lijm die je kunt aanbrengen voordat je je werk in de oven schuift en die tijdens het bakken droogt.

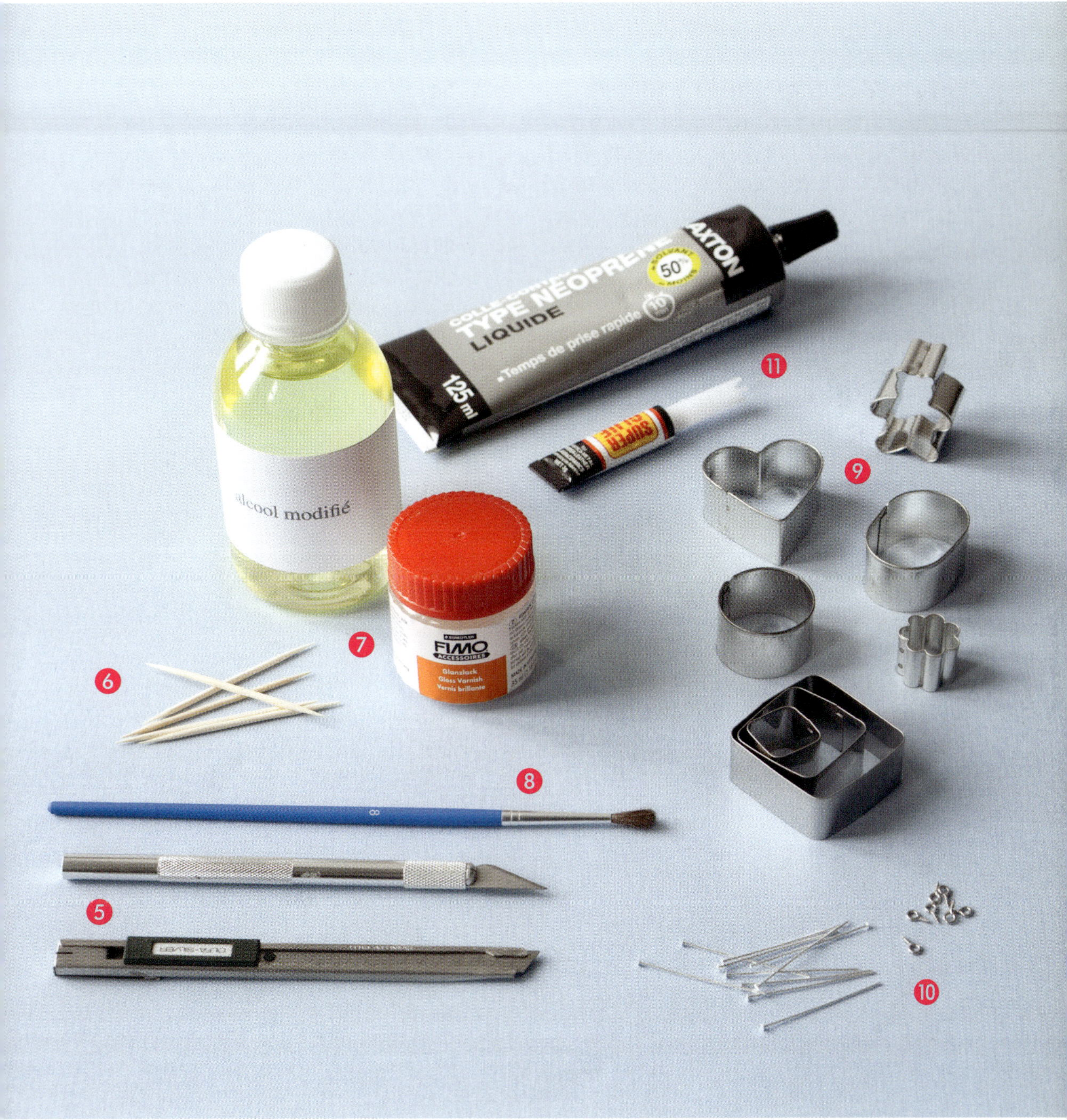

AXTON
TYPE NÉOPRÈNE
LIQUIDE
50%
Temps de prise rapide
125 ml
11
SUPER GLUE
9
alcool modifié
FIMO
ACCESSOIRES
Glanzlack
Gloss Varnish
Vernis brillante
7
6
8
5
10

Materiaal

Praktische benodigdheden

1 Kleimachine
De kleimachine vervangt de rol en helpt je om gelijkmatige klei en verschillende diktes te krijgen. Hiermee kun je ook gemakkelijk kleuren mengen! Maar om vervelende verrassingen te voorkomen, moet je de rol regelmatig schoonmaken, vooral voordat je met lichte kleuren gaat werken. Maar deze machine is niet onmisbaar als je net begint.

2 Kleipistool
Het kleipistool is ideaal om rolletjes van dezelfde dikte te maken. Verwarm de klei tussen je handen voordat je hem als een dikke worst in het kleipistool steekt. Kies het juiste mondstukje en duw de klei eruit door te draaien of te duwen, afhankelijk van het model dat je gebruikt. Hoe meer mondstukjes je hebt, hoe meer verschillende sliertjes en rolletjes je kunt maken.

3 Thermometer
De speciale 'fimothermometer' zorgt ervoor dat je de oven op de goede temperatuur kunt houden. Hij is onmisbaar als je geen oven hebt waarvan je de temperatuur perfect kunt regelen. Als fimoklei niet goed gebakken wordt, kunnen er giftige dampen ontstaan.

Let op, je mag absoluut nooit een glazen thermometer gebruiken!

4 Vloeibare fimo
Vloeibare fimo is doorzichtig, maar is gemakkelijk te kleuren (zie bladzijde 34)! Je kunt hem mengen met olieverf, inkt en pigmenten. Je kunt hem ook gebruiken om je werk te vernissen. Lees aandachtig de instructies op de verpakking voordat je de vloeibare fimo in de oven zet. Klassieke fimo en vloeibare fimo kunnen gerust tegelijk gebakken worden.

1
imperia
STAEDTLER
FIMO
LIQUID
Deko Gel
Deco Gel
Gel décoration
Gel decorativo
4
150
100
200
50
250
STAEDTLER
0
300
°C
3
2

Materiaal

De montage

1 Sieradentangen
Met knijptangen en kniptangen (of multifunctionele tangen) kun je stiften en metaaldraad doorknippen en open ringetjes vormen.

2 Open ringetjes
Ringetjes van verschillende afmetingen worden gebruikt om verschillende onderdelen van de sieraden aan elkaar te zetten.

3 Nietstiften en kettelstiften
Er bestaan twee soorten stiften: stiften met een platte kop (nietstiften) en stiften met een oogje (kettelstiften).

4 Sluithaken
Die zijn geschikt voor armbanden en kettingen.

5 Kettingen
Met kettingen kun je zelf de lengte van je armbanden en andere sieraden bepalen. Je moet alleen een ketting van de gewenste lengte bevestigen aan een sluithaakje.

6 Bevestigingen, basisringen, haarspelden, brochespelden en oorhaken
Om sieraden te maken zijn bevestigingen en haken voor oorbellen, ringen, sierspelden en broches onmisbaar.

7 Lint en siliconenbandjes
Armbandjes met linten zijn heel erg in de mode en ze laten je fimosieraden heel goed uitkomen. Je vindt ook effen siliconenbandjes of bandjes met stippen om hangertjes aan te bevestigen.

7
1
6
3
2
4
5

Bevestigingstechnieken

Een ring openen en sluiten

Voor open ringetjes kun je het best twee tangen gebruiken: een tang met een platte en een met een puntige bek. Houd de ring vast met de platte tang en trek een van de uiteinden met de andere tang naar je toe. Sluit de ring op dezelfde manier en zorg dat de beide uiteinden elkaar kruisen, zodat de ring goed dicht blijft.

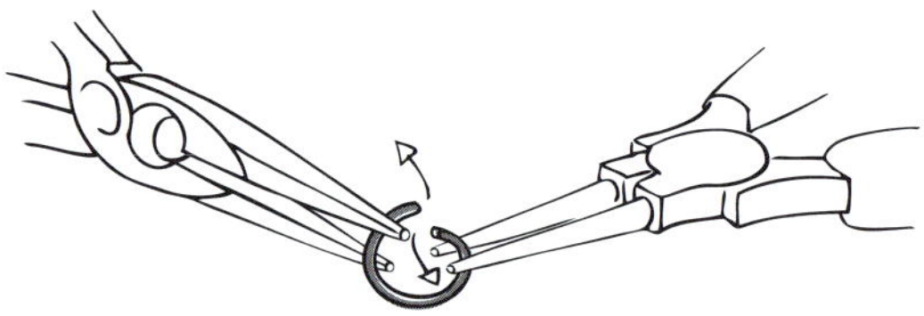

Kralen op een nietstift steken

Steek kralen op een nietstift (met een platte kop). Knip de stift met een kniptang op 10 mm van de laatste kraal af en vorm met de ronde tang een oogje. Voor deze techniek kun je ook een kettelstift (met een oogje) gebruiken.

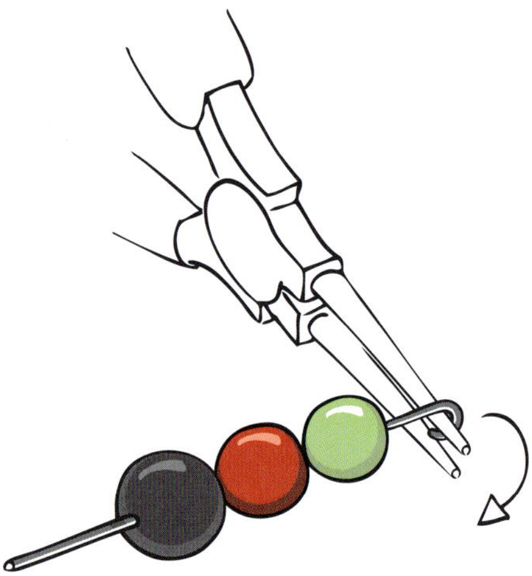

Het sieraad aan een basisring of haarspeld bevestigen

De techniek is voor beide dezelfde. Het sieraad dat je wilt vastplakken, moet mooi vlak zijn. Leg het omgekeerd op een plat vlak, doe een beetje lijm op de houder en bevestig die dan op het sieraad. De lijm is heel sterk, dus je hoeft niet hard te duwen. Je moet gewoon wachten tot de lijm helemaal droog is.

Een oorhaak bevestigen

Dit is heel eenvoudig, maar je moet het wel omzichtig doen zodat er niets breekt. Open de ring door hem een beetje te verbuigen, zodat je de hanger kunt bevestigen. Met deze techniek hoef je geen ring te bevestigen tussen de hanger en het haakje.

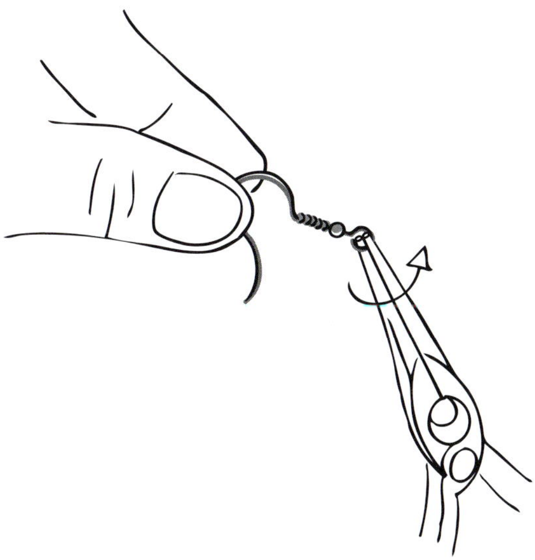

Ketting

Knip de ketting met een kniptang op de gewenste lengte, maar vergeet niet dat hij iets langer wordt als je de sluiting eenmaal bevestigd hebt. Bevestig het sluithaakje aan het ene uiteinde van de ketting en een vrij groot open ringetje aan het andere uiteinde. Zorg ervoor dat de uiteinden van de ring elkaar goed kruisen rond de sluiting.

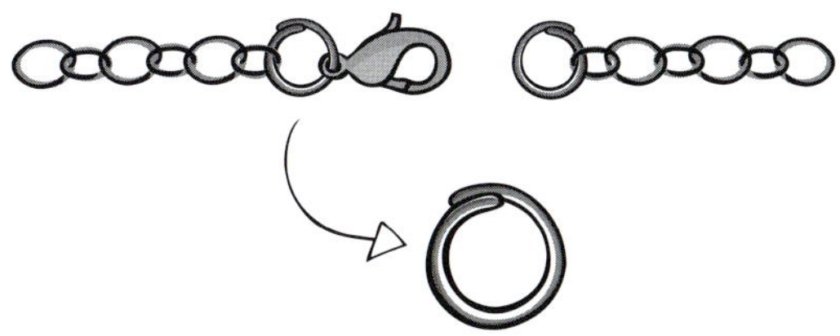

Om een hanger aan de ketting te bevestigen, bevestig je hem eerst aan een groter ringetje (8 mm). Zorg dat de uiteinden van de ring elkaar goed kruisen. Zo kun je de hanger aan de ketting schuiven.

Siliconenketting

Knip een stuk siliconenband af (of een stuk lint) van 45 cm. Plak met lijm aan beide uiteinden een veterklem met de goede afmetingen. Als de lijm droog is, bevestig je aan een van beide kanten een sluithaak. Deze sluithaak zorgt dan voor de verbinding met de veterklem aan de andere kant. Bevestig een groot ringetje (1 cm doorsnede) aan de hanger en schuif die over de ketting.

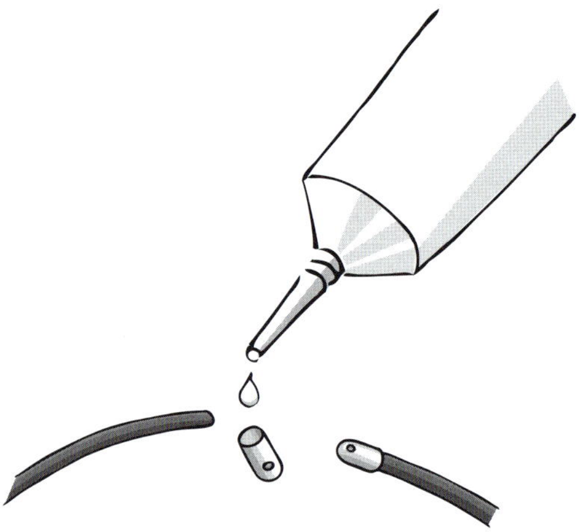

Siliconenarmband

De techniek is dezelfde als voor de ketting. Bevestig gewoon een klein kettinkje aan de veterklem tegenover de sluiting. Zo kun je de lengte van de armband zelf aanpassen aan de breedte van je pols.

Een kettinkje om je pols

Knip een ketting die iets langer is dan de kleinste omtrek van je pols. Bevestig een groot ringetje aan beide uiteinden van de ketting. Controleer of de lengte goed is voor je pols. Bevestig een sluithaakje aan een van de ringetjes. Zo kun je de ketting sluiten met het andere ringetje.

Hanger voor gsm

Niets gemakkelijker dan iets aan een gsm-hanger bevestigen! Je bevestigt gewoon een ringetje tussen de hanger en de metalen stift van de versiering. Zorg ervoor dat je het ringetje goed sluit door de uiteinden te kruisen.

Broche

Om een broche te maken, bevestig je ringetjes tussen de ringen van de broche en de hangertjes. Controleer of de hangers goed vallen als ze eenmaal aan een trui of een tas hangen.

Modelleertechnieken

Een bol maken

Maak een stukje fimoklei zacht door het te kneden en rol het daarna tussen je handen tot een mooie gladde bol.

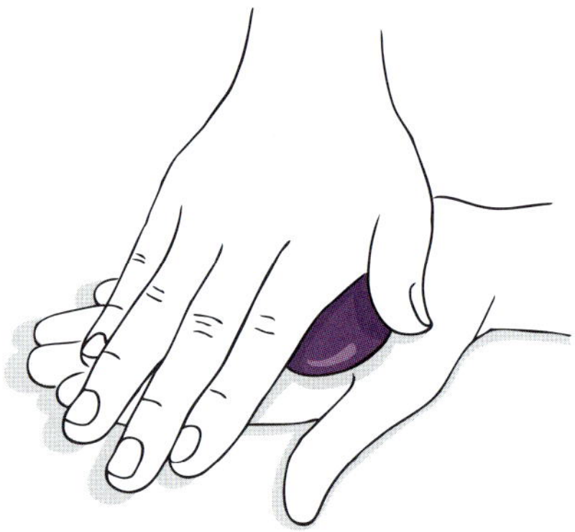

Een plak maken

Om een plak klei te maken, gebruik je een rol of een kleimachine. Vorm een bol die je plat maakt met een rol tot je de gewenste dikte hebt. Met een kleimachine krijg je een perfecte plak.

Een rolletje maken

Maak een bol die je op een glad oppervlak legt. Leg één handpalm op de bol en maak heen-en-weergaande bewegingen terwijl je lichte druk uitoefent op de klei, die geleidelijk vorm krijgt. Voor een beter resultaat kun je een glazen plaat gebruiken in plaats van je handpalm!

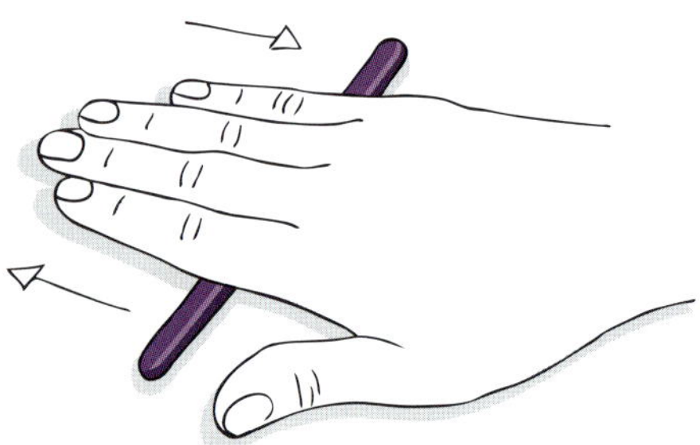

Een uitsteekvormpje gebruiken

Vorm een mooie plak en zet daar het gewenste uitsteekvormpje op. Verwijder de klei rond het vormpje, dan houd je een perfecte vorm over. Zorg dat je hem niet vervormt als je hem vastpakt.

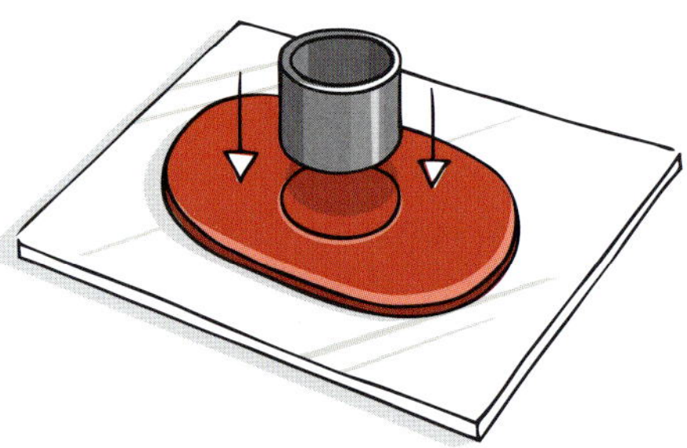

Een stift bevestigen

Controleer de lengte van de stift voordat je hem in het voorwerp steekt. Als hij te lang is, knip je hem met een kniptang bij. Om de stift te bevestigen, steek je hem gewoon voor het bakken in de klei.

Bakken

Fimo bakken kan alleen in de gewone oven – dus NIET in de magnetron! Verwarm de oven voor en leg de voorwerpen die je wilt bakken op een met bakpapier of folie bedekte bakplaat. Lees aandachtig de aanbevelingen op de verpakking van de fimoklei voordat je je werk 30 minuten bakt bij een temperatuur van 110°C. Je kunt het best een speciale 'fimothermometer' gebruiken. Houd je werk regelmatig in de gaten. Je moet er zeker voor zorgen dat er een volwassene bij is als je de oven gebruikt, anders loop je het risico op brandwonden.

Vernis

Gebruik speciale 'fimovernis'. Het is belangrijk om je penseel na elk gebruik goed uit te spoelen. Als je vernis op waterbasis gebruikt, kun je je penseel onder de kraan uitspoelen. Voor vernis op alcoholbasis heb je ontsmettingsalcohol nodig om je penseel schoon te krijgen. Het duurt ongeveer 20 minuten voordat de vernis droog is.

Een paar tips

Vraag hulp van een volwassene als je de oven gebruikt.

Als de klei te zacht is en je er niet goed mee kunt werken, kun je hem 5 minuten in de diepvries leggen of 15 minuten in de koelkast.

Om een aantal bolletjes van precies dezelfde grootte te maken, maak je een plak en daar snijd je met een mal evenveel vormpjes uit als je nodig hebt. Daarna maak je bolletjes van de vormpjes!

Zorg ervoor dat je ongebakken creaties niet te veel aanraakt, want ze vervormen gemakkelijk.

Gooi de restjes klei niet weg. Maak er een bol van die je nog kunt gebruiken voor andere dingen! Je kunt er bijvoorbeeld een klein bolletje van maken dat je daarna bedekt met een andere kleur.

Als je met witte klei gaat werken, kun je beter nieuwe latex handschoenen aantrekken, want anders ontstaan er snel vlekken op de klei.

Om een specifieke kleur te krijgen, kun je verschillende kleuren mengen. Als je bijvoorbeeld lichtroze wilt krijgen, kneed je een grote bol witte klei met een klein bolletje fuchsia door elkaar.

Controleer regelmatig je latex handschoenen, want er blijven gemakkelijk stof en vuiltjes aan plakken. Houd dus regelmatig je handen onder de kraan als je de handschoenen draagt!

Fimoklei is goed te bewaren. Sluit de zakjes gewoon goed en stop ze in hermetisch gesloten bewaardoosjes.

Als je je creaties na het bakken wilt afkoelen, dompel je ze in koud water met ijsblokjes. Je kunt ze ook gewoon uit de oven halen en laten afkoelen op de bakplaat.

Schattige strikjes

Iedereen een strikje, een strikje voor iedereen!
Trendy of klassiek, een strikje past bij elke gelegenheid.

- klei: zwart voor de kleine snorharen, kleuren naar keuze voor de strikjes!
- lijm
- precisiemes
- vernis

Voor de ring:

- basisring

Voor de bril:

- bril om te versieren

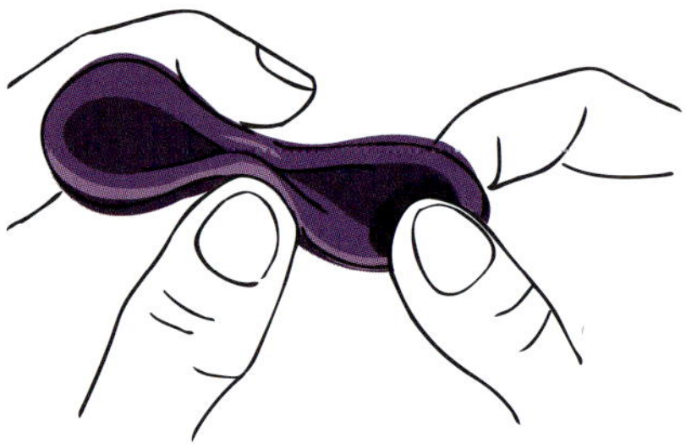

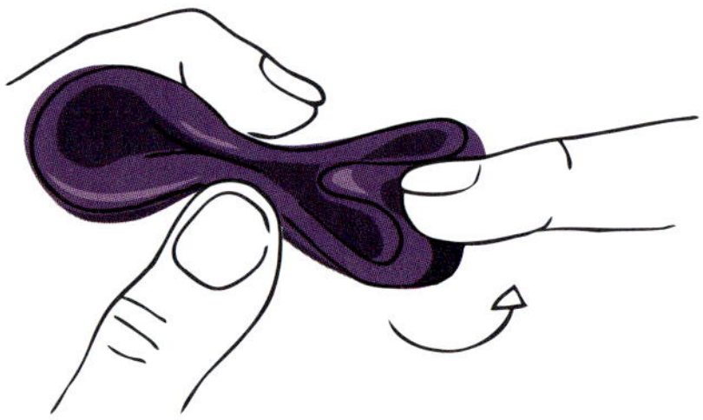

Ring met een strikje

❶ Maak een bolletje met een doorsnede van 2 cm en maak daarvan een rolletje van 4 cm lang en 5 mm dik. Rol dit met de roller plat tot een plak van 6 cm lang.

❷ Modelleer met je vingers het midden en de uiteinden van de plak. Leg de uiteinden in het midden tegen elkaar. Werk het strikje gerust een beetje bij met je vingers tot je de vorm helemaal goed vindt.

❸ Maak een dun strookje van 6 mm breed in dezelfde kleur. Leg dat strookje in het midden van het strikje, over de plaats waar de uiteinden samenkomen. Snijd de overtollige klei aan beide kanten weg. Klaar! Als het strikje gebakken is, kun je het met een beetje lijm op de basisring plakken. Nu hoef je het alleen nog maar te vernissen!

Bril van een filmster

Maak dezelfde strik als voor de ring. Voor de kleine snorharen rol je 6 kleine bolletjes met dezelfde doorsnede. Duw ze met je vingers plat totdat ze driehoekig worden. Zet de kleine snorharen in de oven. Vernis de strik en de snorharen en zet ze met lijm vast op de bril.

Om de strikjes aan een ketting of aan oorhaken te bevestigen, steek je er een kettelstift in voordat je ze in de oven zet!

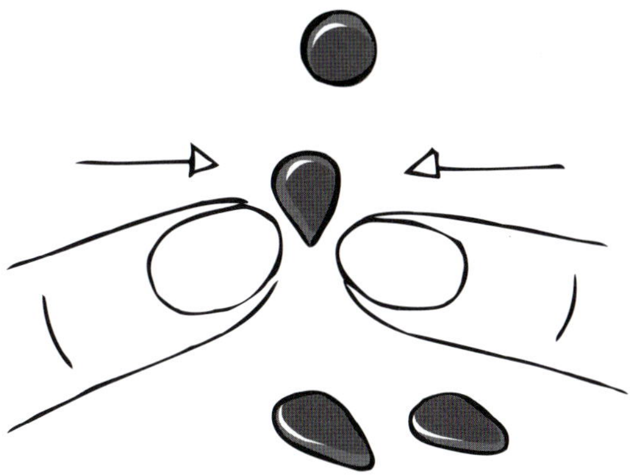

In de wolken

Een regenboog, een wolk en gekleurde sterretjes: meer heb je niet nodig om je dag op te vrolijken.

Regenboog

- klei: roze, oranje, geel, groen, blauw, wit, rood
- precisiemes
- strassteentjes
- lijm

Voor de broche:

- brochespeld

Voor de ketting:

- tandenstoker
- sluiting
- ketting
- kettelstift
- open ringetjes
- kralen

De regenboog en de wolk maken

1 Vorm 5 rolletjes met dezelfde doorsnede maar van verschillende lengte: 4 cm, 5 cm, 7 cm, 8,5 cm en 10 cm lang. Je kunt ze met een kleipistool of met de hand maken.

2 Neem het kortste rolletje en leg het rolletje van 5 cm daarboven. Vervolgens dat van 7 cm, dat van 8,5 cm en tot slot de langste.

Zet de rolletjes goed aan elkaar vast door ze zachtjes tegen elkaar te drukken en buig het geheel.

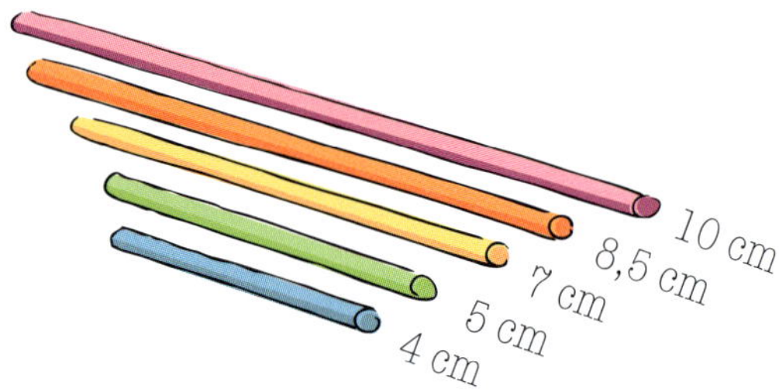

3 Snijd de onderkant van de regenboog met het precisiemes af, zodat alle rolletjes even lang worden.

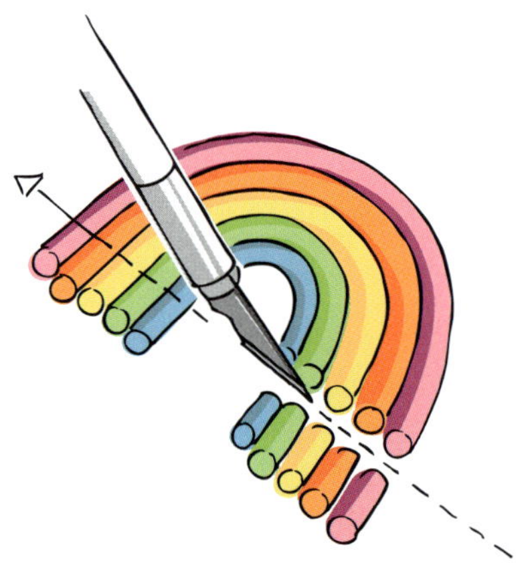

Je hoeft de regenboog niet te vernissen, hij straalt zo al!

4 Maak een wit rolletje van 11 cm lang. Rol een van de uiteinden tot een kwart van de lengte naar boven. Rol de resterende klei aan de andere kant naar beneden.

Regenboogbroche

Zet de regenboog en de wolk in de oven. Breng met lijm strassteentjes aan over de hele lengte van de grootste boog en op de wolk. Bevestig de wolk aan de zijkant van de regenboog. Breng lijm aan op de brochespeld en plak hem dan op de achterkant van de regenboog.

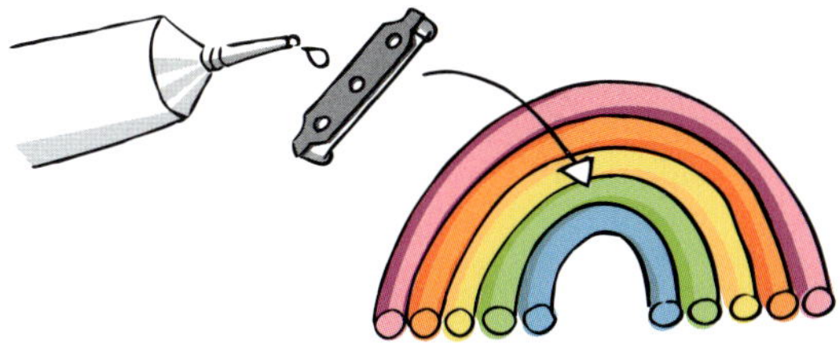

Regenboogketting

Maak voor het bakken gaatjes in de regenboog waarin achteraf ringetjes komen. Doorprik hiervoor met een tandenstoker alle bogen van de regenboog. Steek in het midden van de regenboog een kettelstift in de bovenkant. Maak een klein hartje door een klein bolletje rode klei tussen duim en wijsvinger te houden en er aan de bovenkant met een stift op te duwen, zodat je de bovenkant van het hartje krijgt. Geef het met je vingers wat meer volume. Plak er na het bakken een strassteentje op. Lijm het hartje op de wolk die op de regenboog zit. Tot slot rijg je de kralen op de ketting!

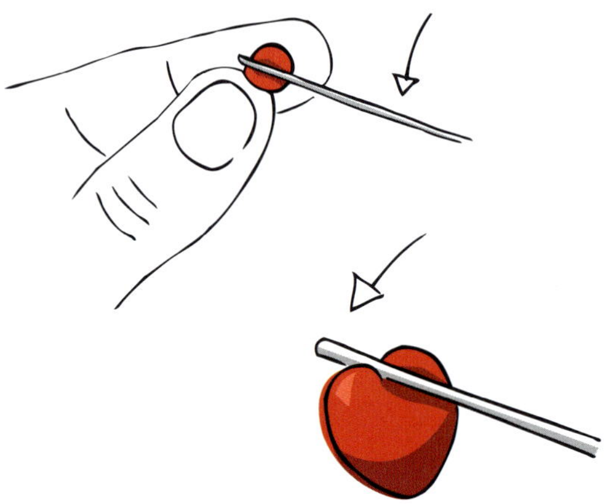

Wolkarmband

- klei: wit
- fluweelpoeder
- tandenstoker
- ketting
- sluithaakje
- open ringetjes
- kralen
- kettelstift
- lijm
- vernis

❶ Teken met viltstift een wolk op een blad papier. Maak van een witte bol klei een vrij dikke plak. Leg het blad papier onder de glazen plaat, zodat je het patroon blijft zien. Maak de vorm van de wolk door de klei met behulp van een tandenstoker uit te snijden. Maak een gaatje in beide kanten van de wolk waar je na het bakken de ringetjes door kunt steken.

Je kunt een uitsteekvormpje in de vorm van een bloem gebruiken om de wolk te vormen!

2 Na het bakken breng je de vernis aan op één kant van de wolk. Doop een droog penseel in het fluweelpoeder en strijk boven de wolk met je vinger over het penseel, zodat het poeder op de vernis valt.

3 Als het oppervlak helemaal bedekt is met fluweelpoeder, moet alles 30 minuten drogen. Daarna kun je het overtollige poeder voorzichtig verwijderen met je vinger.

4 Bevestig de ringetjes en zet de armband in elkaar.

Voor de letters 'LOVE' knip je een hangertje los bij het oogje en plak je dat met lijm op de wolk vast.

Sterrenoorbellen

- klei: geel, zilver, fuchsia
- stervormig uitsteekvormpje
- tandenstoker
- open ringetjes
- oorhaken
- dunne ketting
- vernis

1 Maak een bol met een doorsnede van 3 cm van de gele klei. Rol hem uit tot een plak van 3 mm dik. Maak de sterretjes met behulp van een uitsteekvormpje. Doe hetzelfde met de zilveren en fuchsia klei.

2 Maak in elk sterretje een gaatje met een tandenstoker. Zorg dat de gaatjes niet te dicht bij de rand zitten.

3 Als ze gebakken zijn, vernis je de sterretjes en zet je de oorbellen in elkaar.

Maak 4 sterren en een wolk die je bedekt met fluweelpoeder. Prik een gaatje in één punt van elk sterretje en aan beide kanten van de wolk voordat je alles in de oven zet. Daarna kun je de armband in elkaar zetten.

Naar het bos

Op een ring of aan een lange ketting zorgen deze schattige figuurtjes voor wat fantasie bij een basisoutfit.

Ring lieveheersbeestje

- klei: groen, rood, zwart, wit
- bloemvormig uitsteekvormpje
- tandenstoker
- vernis
- basisring
- lijm

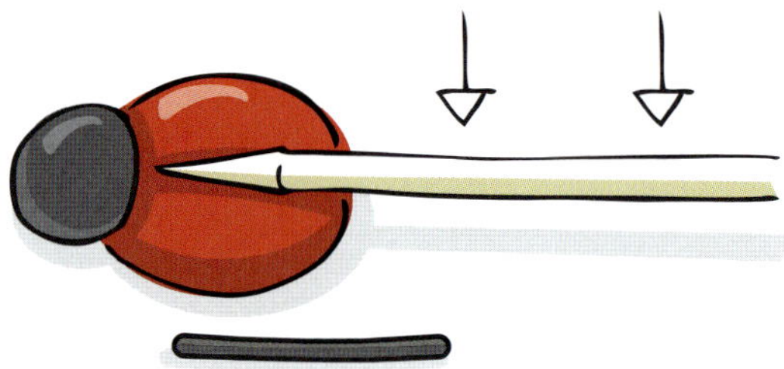

1. Maak een groene bol met een doorsnede van 3 cm. Rol die uit tot een plak van 4 mm dik. Gebruik het uitsteekvormpje om het blad te maken waar het lieveheersbeestje op komt te zitten. Trek er met een tandenstoker strepen in om nerven te maken.

2. Maak een rode bol en duw die op de glazen plaat een beetje plat met je vingers om het lichaam van het lieveheersbeestje te maken. Maak een zwarte bol die twee keer kleiner is dan de rode en bevestig die op het lichaam van het lieveheersbeestje.

3. Trek met een tandenstoker een geultje in het midden van zijn lichaam. Maak een heel dun zwart rolletje en leg dat in het geultje dat je gemaakt hebt.

4. Leg heel kleine zwarte bolletjes op het lichaam voor de vlekjes.

5. Voor de oogjes duw je twee kleine witte bolletjes klei plat op de kop van het lieveheersbeestje, met daarop twee nog kleinere zwarte bolletjes.

6 Bak het lieveheersbeestje en het blad en vernis ze daarna. Bevestig het lieveheersbeestje met de lijm op het blad en het blad op de basisring.

Paddenstoelen

- klei: rood, roze, blauw, groen, wit, zwart
- kettelstiften
- open ringetjes
- sluithaakjes

Voor de armband:

- ketting

Voor de lange ketting:

- dunne ketting
- hanger met een horloge

Een paddenstoel maken

1 De paddenstoel is heel gemakkelijk te maken. Maak een witte bol en geef die de vorm van het steeltje van de paddenstoel.

2 Maak dan een blauwe bol. Duw hem een beetje plat tussen je vingers en zet dat op het steeltje van de paddenstoel.

3 Maak een aantal kleine witte bolletjes en verspreid die over het hoedje van de paddenstoel.

Je kunt de ogen van de paddenstoel na het bakken met zwarte verf en een fijn penseeltje schilderen!

4 Je kunt je paddenstoel ogen en een mond geven door heel kleine zwarte bolletjes te maken. Steek voor het bakken een kettelstift in het figuurtje.

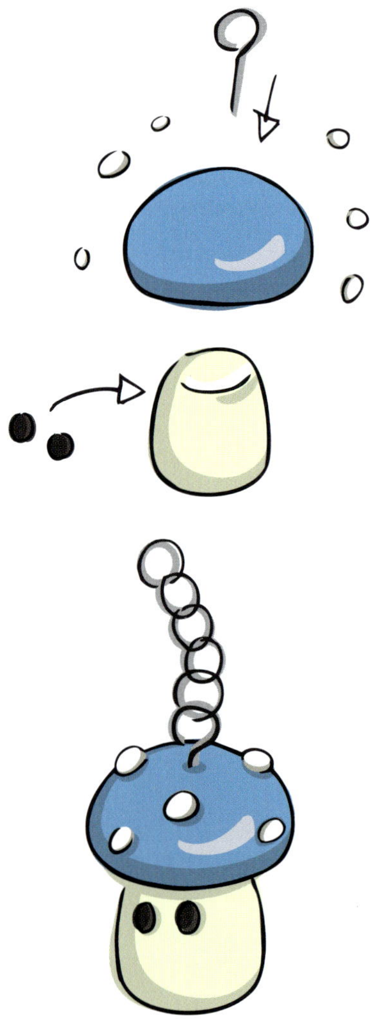

In wonderland

Deze prachtige hangertjes zijn een knipoog naar de wondere wereld van Alice in Wonderland. Je kunt ze hangen aan wat je maar wilt.

Harten aas

- klei: wit, rood
- rechthoekig uitsteekvormpje
- hartvormig uitsteekvormpje
- tandenstoker
- hobbymes
- open ringetje
- vernis

1 Maak een witte bol en rol die uit tot een plak van 3 mm dik.

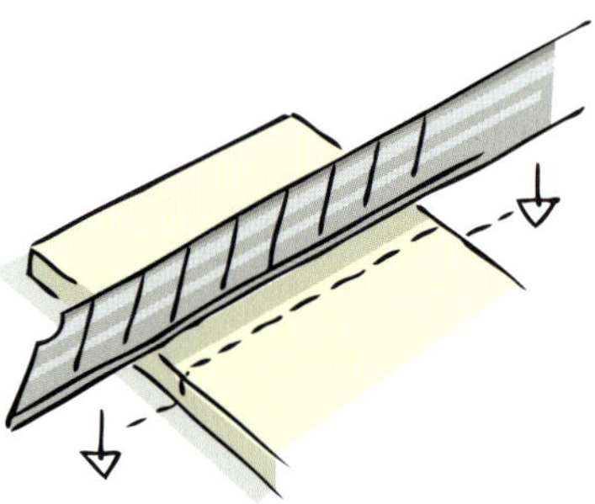

2 Maak een rode bol en rol die uit tot een plak van 1 mm dik. Snijd hier met het uitsteekvormpje een hartje uit.

3 Maak twee kleine rode hartjes (zie bladzijde 24, klein hartje aan de regenboogketting).

4 Leg het grote hart in het midden van de kaart en de twee kleintjes in de hoeken. Prik met een tandenstoker een gaatje in de bovenhoek zonder hartje.

5 Na het bakken laat je de hartjes extra opvallen door ze te vernissen en de kaart zelf niet!

Drink Me!

Theekopje en flesje

- vloeibare Fimo
- waskrijtjes: bruin, geel
- precisiemes
- lijm
- tandenstoker
- katoenen draad

Voor het flesje:

- klein flesje
- kettelstift
- klein etiketje van karton of papier

Voor het kopje:

- miniatuurkopje
- stukje papier
- open ringetje

Vloeibare fimo kleuren

1. Verkruimel in een klein bakje (bijvoorbeeld het dekseltje van een plastic doosje) met behulp van een mesje een stukje bruin waskrijt zodat er een poeder ontstaat.

2. Roer met een tandenstoker een beetje vloeibare fimo door het poeder. Door het poeder van het waskrijt kun je de doorzichtige fimo kleuren!

Voor het flesje

Vul het flesje met gekleurde fimo en zet het in de oven (zonder de dop). Volg goed de aanwijzingen op de verpakking van de vloeibare fimo. Maak tijdens het bakken het papieren etiket 'Drink me!'. Maak met het mesje een gaatje in het etiket en haal er het katoenen draadje door waarmee je het aan het flesje kunt hangen. Steek een kettelstift in de dop van het flesje en zet het met lijm aan het flesje vast.

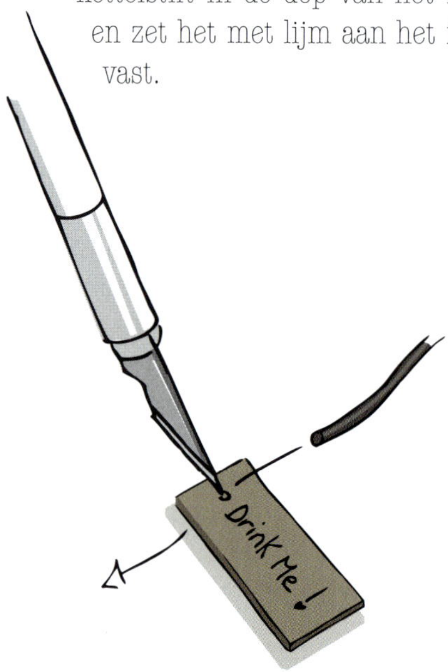

Voor het kopje

Om de kleur van thee te krijgen, kleur je de vloeibare fimo met een stukje bruin waskrijt en een heel klein stukje geel waskrijt. Giet het mengsel in het kopje en steek een kort stukje katoenen draad in de vloeistof dat je over de rand van het kopje laat hangen. Na het bakken plak je een klein stukje papier aan het einde van het draadje, zodat het eruitziet als een echt theezakje.

Lekker fruit

Houd je meer van kersen, appelen of aardbeien? Je hoeft echt niet te kiezen, want je kunt van alle vruchten tegelijk genieten!

Kersen

- klei: rood, groen
- tandenstoker
- vernis
- lijm

Voor de oorbellen:

- kettelstiften
- open ringetjes
- oorhaken

Voor de lange ketting:

- 65 cm ketting
- open ringetjes (6 mm)
- nietstift
- 2 grote kettelstiften
- kralen

Kersenoorbellen

1 Maak 4 kleine rode bolletjes met een doorsnede van 1 cm waarin je telkens een kettelstift tot de helft steekt. Zorg dat elk bolletje mooi rond is en dat er geen sporen op zitten.

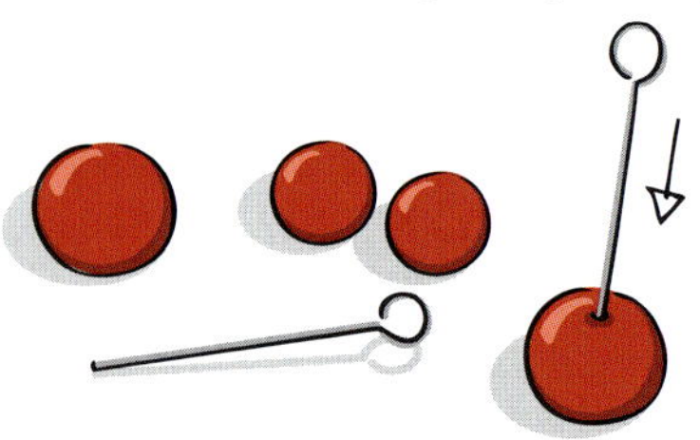

2 Maak een groene bol met een doorsnede van 8 mm en duw die met je vingers plat om een blad te maken. Teken de nerven in het blad met een tandenstoker. Prik ook een gaatje aan een kant van het blad om later het ringetje door te steken.

3 Om de kersen aan de oorhaken te bevestigen, rijg je de twee kettelstiften en het blad aan een ringetje en dat bevestig je aan de oorhaak.

Om de bolletjes niet te beschadigen als je de kettelstiften erin steekt, zet je ze eerst 5 minuten in de diepvries!

Kersenketting

1 Maak twee grote rode bollen met een doorsnede van 2 cm waarin je een kettelstift steekt.

2 Maak een blad met een bol groene klei en teken de nerven met een tandenstoker. Steek een kettelstift in het blad. Bak alles, vernis het en zet de ketting in elkaar.

Om de vernis glad te houden, laat je de kersen omgekeerd drogen door de kettelstiften in een stuk piepschuim te steken!

Aangebeten appel

- klei: wit, rood, groen, bruin
- tandenstoker
- hobbymes
- gekarteld hobbymes
- kettelstift
- open ringetje
- vernis
- lijm

Voor de amulet:

- gsm-hanger

Voor de ketting:

- lint of siliconenbandje

❶ Met een klein stukje bruine klei maak je een dun en kort rolletje voor het steeltje van de appel.

❷ Maak een rode bol met een doorsnede van 2,5 cm en rol die met een kleimachine of een rol tot een plak van 2 mm dik.

❸ Maak een witte bol met een doorsnede van 2 cm en bedek die met de plak rode klei. Snijd de overtollige rode klei weg.

❹ Rol de met rode klei bedekte witte bol tussen je handen tot een rode bol zonder sporen of naden. Geef de bol de vorm van een appel. Snijd met het gekartelde mes een stukje van de appel zodat het eruitziet alsof er een hap uit gegeten is.

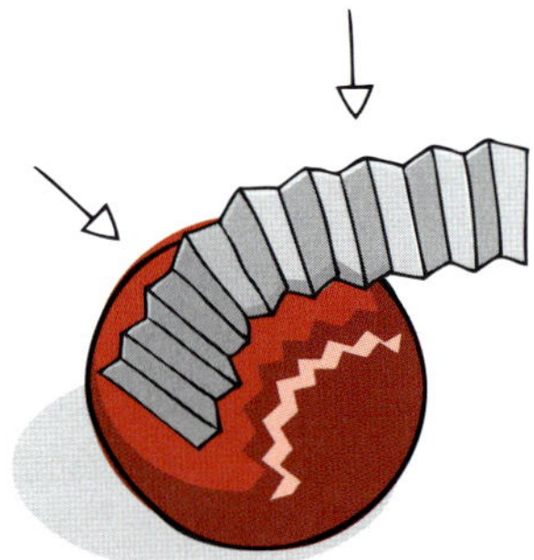

❺ Leg de appel op de glazen plaat en maak aan de bovenkant een gaatje met een tandenstoker. Maak een klein groen bolletje en geef dat de vorm van een blad (zie bladzijde 36). Teken de nerven met een tandenstoker. Steek het dunne bruine rolletje voorzichtig in het gaatje van de appel en leg het blaadje ernaast. Steek een kettelstift vlak naast het steeltje voordat je de appel bakt.

Aardbeien

- klei: rood, groen
- stervormig uitsteekvormpje
- tandenstoker
- vernis
- lijm
- kettelstiften

Voor de armband:

- ketting (zie montage op bladzijde 14)
- 5 open ringetjes
- bedeltjes

Voor de oorbellen:

- oorhaken

Een aardbei maken

1 Maak een rood bolletje met een doorsnede van 1 cm en maak dat kegelvormig.

2 Maak er met een tandenstoker heel kleine putjes in; zorg ervoor dat je de aardbei niet vervormt.

3 Voor het steeltje maak je een groen bolletje met een doorsnede van 7 mm en rol dat met een kleimachine of een rol tot een plak van 1 mm dik. Gebruik het uitsteekvormpje en leg de groene ster op de aardbei voordat je er een kettelstift insteekt.

Aardbeienarmband

Om de vruchten aan de armband te hangen, moet je nu nog een ringetje bevestigen tussen een schakel van de ketting en de kettelstift aan de aardbei. Je kunt zelfs bedeltjes toevoegen tussen de aardbeien om de armband nog mooier te maken.

Lekkernijen

Zalige lekkernijen voor aan een armband of aan oorbellen, wat wil je nog meer? Mmmm, om van te smullen!

Chocoladering

- klei: bruin of karamel
- klein vierkant uitsteekvormpje
- tandenstoker
- lijm
- basisring

Voor 'afgebeten chocolade':

- dop van een viltstift

Voor 'verpakte chocolade':

- stukje zilverpapier

❶ Maak een grote bol met een doorsnede van 3 cm en rol die uit tot een plak van 5 mm dik.

❷ Snijd met een vierkant uitsteekvormpje de vorm uit de plak.

❸ Gebruik een tandenstoker om de vierkantjes in de chocolade te tekenen. Leg hem in een kruis op de klei en duw goed op de uiteinden van de tandenstoker om de ribbels te maken. Duw daarna met de tandenstoker op de randen van het vierkant.

Voor 'afgebeten chocolade'

Gebruik de dop van een viltstift en snijd daarmee twee stukken weg van een hoek van het vierkant voordat je de chocolade in de oven zet.

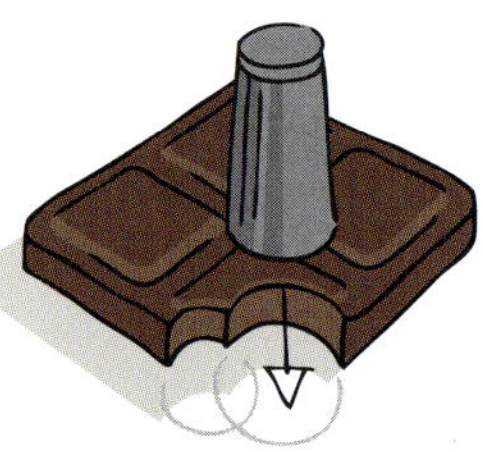

Voor 'verpakte chocolade'

Knip een driehoek met de afmetingen van het chocolade vierkantje uit zilverpapier en plak dat na het bakken op de chocolade.

Chocoladearmband

- klei: beige, bruin, karamel
- klein vierkant uitsteekvormpje
- tandenstoker
- kettelstiften
- ketting
- open ringetjes
- sluithaakje
- hangertjes

Om een armbandhorloge te maken, vervang je één van de vierkantjes van de chocolade door een wijzerplaat van een horloge. Bevestig de wijzerplaat met een ringetje aan de chocolade.

Maak vierkantjes van drie verschillende kleuren chocolade. Steek een kettelstift in beide kanten van elk vierkantje. Verbind de vierkantjes met elkaar door aan elke kettelstift een ringetje vast te maken. Zorg dat de ringetjes goed dicht zijn.

Lange suikerspinketting

- klei: roze
- fluweelpoeder
- tandenstoker
- kettelstift
- nietstift
- groot ringetje
- ketting
- kralen
- stoffen strik

1 Maak een rolletje van een bol klei met een doorsnede van 1,5 cm. Het rolletje hoeft niet perfect te zijn.

2 Maak een suikerspin van het rolletje door het op te draaien.

3 Steek een tandenstoker door de vorm en zorg ervoor dat hij er aan de andere kant niet uitkomt. Knip het stokje met een tang af als het te lang is. Steek de kettelstift door de bovenkant van de suikerspin. Vergeet niet de suikerspin te bestrooien met fluweelpoeder.

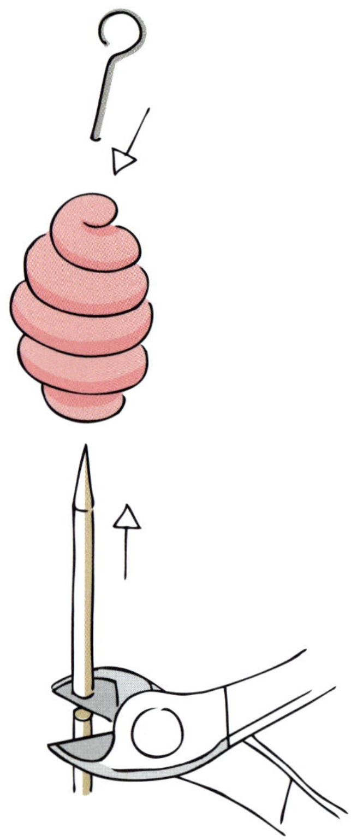

4 Maak de ketting zoals je het zelf wilt! Bevestig bijvoorbeeld een ringetje aan een schakel in het midden van de ketting. Daaraan kun je dan kralen op een nietstift, de suikerspin en de strik hangen.

Lolly's

- klei: wit en kleuren naar keuze
- lijm
- vernis
- oorstekers
- basisringen
- haarspelden

Tweekleurige versie

❶ Maak twee bollen met een doorsnede van 2 cm: een witte en een in een andere kleur naar keuze. Met die twee bollen maak je twee rolletjes die je door elkaar draait. Maak een bol van de gemengde klei.

❷ Maak van deze grote bol een rol met een doorsnede van 8 mm. Bewerk de rol om mooie strepen te krijgen.

❸ Voor een ring snijd je 7 cm van de rol af en rol je dat stukje op. Om de lolly goed plat te maken en te zorgen dat hij goed op de ondergrond plakt, werk je op de glazen plaat.

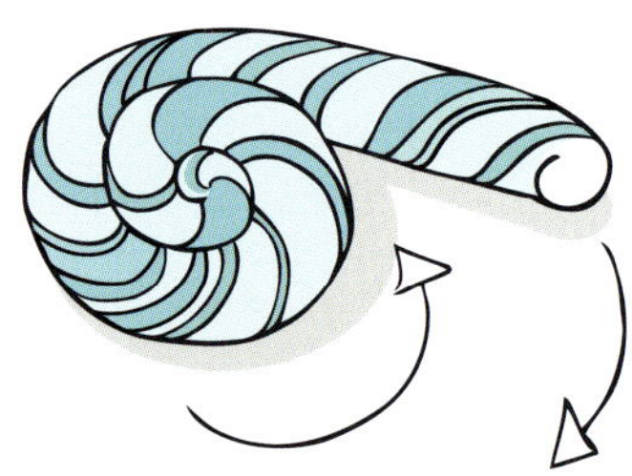

Voor een haarspeld maak je een rolletje van 4 mm dik en 3,5 cm lang. Voor de oorbellen maak je rolletjes van 3 mm dik en 3 cm lang.

Met deze veelkleurige rol kun je heel wat ringen, oorbellen en haarspelden maken. Je kunt zelfs kettingen en oorhangers ontwerpen. Steek gewoon een stukje van een tandenstoker en een kettelstift in de lolly's voordat je ze bakt!

Veelkleurige versie

❶ Maak een 5 cm lange rol met een doorsnede van 3 cm in de kleur van je keuze.

❷ Maak dan 5 cm lange draadjes met een doorsnede van 5 mm in verschillende kleuren. Leg deze draadjes op de grote rol.

❸ Rol het geheel met je handpalm over de glazen plaat. Rek hem uit terwijl je blijft draaien, zodat er een mooi motief ontstaat. Daarna doe je hetzelfde als bij de tweekleurige versie!

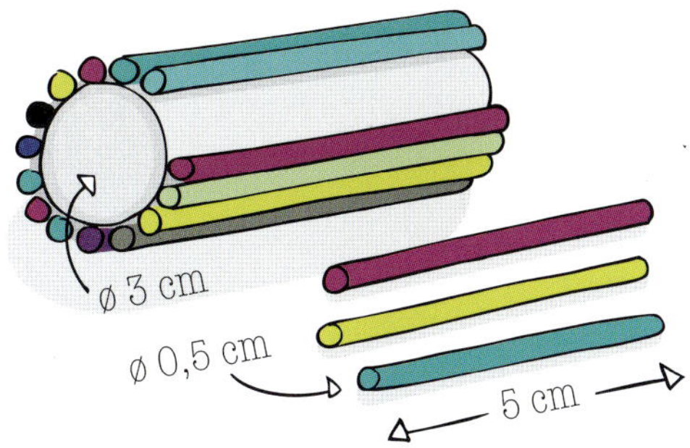

Oorbellen met zuurstokken

- klei: wit, rood
- tandenstoker
- open ringetjes
- oorhaken
- vernis

1 Maak een witte en een rode bol met een doorsnede van 1,5 cm. Vorm van deze bollen twee rolletjes en draai die door elkaar.

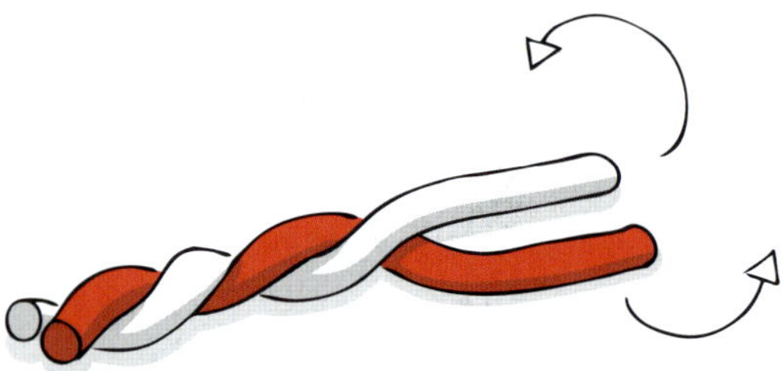

2 Maak de rol glad en rek hem uit tot hij 5 mm dik is.

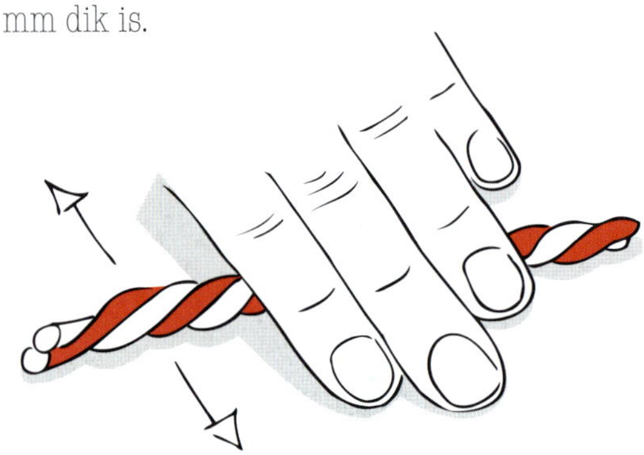

3 Snijd twee stukken van 4 cm lengte af. Buig beide 1 cm om, zodat ze de vorm van een zuurstok krijgen. Prik met een tandenstoker een gaatje in het gebogen deel, zodat daar na het bakken een ringetje door kan.

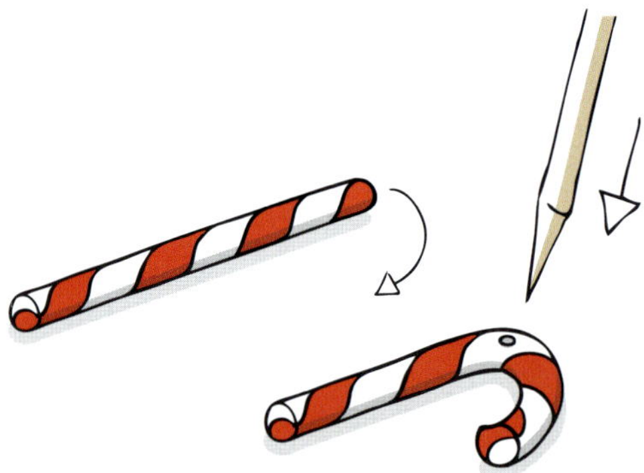

Lieve kokeshi

Met deze beschrijving kun je een hele verzameling poppetjes in allerlei kleuren beginnen!

- klei: zwart, huidkleurig of lichtroze, kleuren naar keuze voor de kleren en de accessoires van het poppetje
- precisiemes
- tandenstoker
- vernis
- lint of siliconenband
- sluiting
- kettelstift
- open ringetje
- hangertjes

1 Maak een bol met een doorsnede van 3 cm in een kleur naar keuze. Vorm er een rol van waarvan één uiteinde iets smaller is. Snijd van de kant een klein stukje af met het mesje.

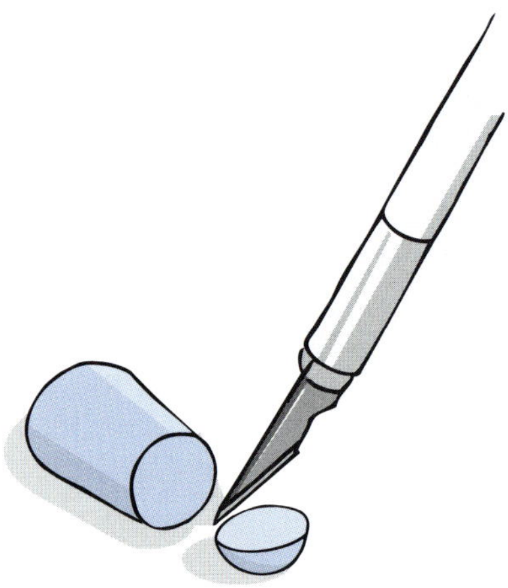

2 Maak het hoofd met een bolletje huidkleurige (of lichtroze) klei van 1 cm doorsnede. Het bolletje moet mooi rond zijn. Maak voor de haren een zwarte bol met een doorsnede van 5 mm en rol die uit tot een heel dunne plak. Snijd een vierkant van 2 cm breed uit deze plak. Leg deze plak op het hoofd van het poppetje.

3 Wrijf de haren van het poppetje goed glad, zodat je geen naden meer ziet tussen het hoofd en de haren.

4 Maak twee zwarte bolletjes voor de knotjes van de kokeshi. Zet die tegen de zijkanten van het hoofdje en duw ze een beetje aan om ze goed vast te zetten.

5 Prik met een tandenstoker twee gaatjes voor de ogen. Vul de gaatjes op met twee kleine bolletjes zwarte klei.

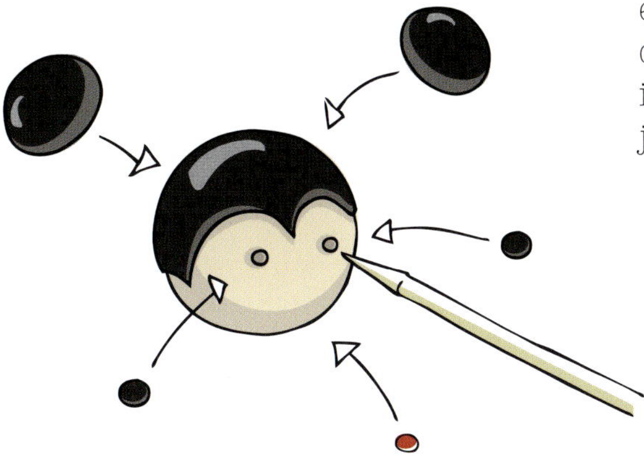

6 De mond van het poppetje maak je met een heel klein bolletje rode klei. Zet het hoofdje op het lichaam. Voor de versiering van de kimono en de haren van de kokeshi kun je je fantasie de vrije loop laten! Vergeet niet een kettelstift in de haren van het poppetje te steken voordat je het in de oven zet.

Bloemen

De combinatie van bloemen en sieraden is een klassieker die altijd aanslaat! Met of zonder blad, laat je creativiteit maar los en ga voor de 'flowerpower'.

- klei: glimmend rood, appelgroen, zwart, paars, geel
- tandenstoker
- vernis
- lijm

Voor de ketting:
- ketting
- kralen
- hangertjes
- houten lieveheersbeestje
- open ringetjes
- kettelstift

Voor de ring:
- basisring

Voor de haarspeld:
- haarspeld

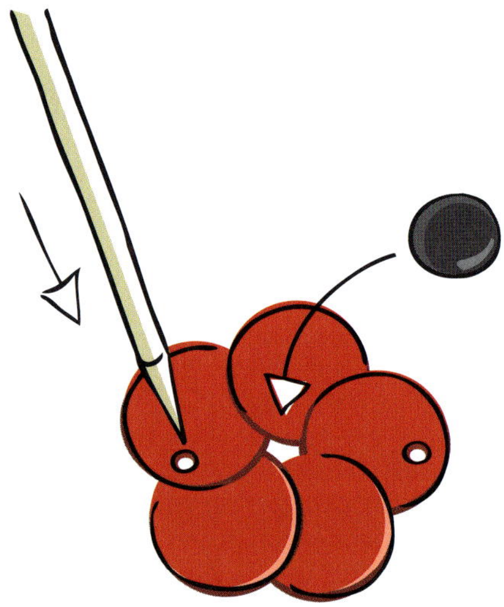

Nu is de bloem klaar om te worden gebakken als je hem op een ring wilt plakken.

Lange bloemenketting

❶ Maak 5 bolletjes van glimmend rode klei met een doorsnede van 6 mm en duw die met je handpalm plat. Leg ze over elkaar om de bloemblaadjes te maken. Leg in het midden een zwarte bol van 3 mm die je een beetje plat duwt voor het hart van de bloem.

❷ Maak met een tandenstoker een gaatje aan beide kanten van de bloem om er een open ringetje door te kunnen steken. Zorg ervoor dat je de gaatjes niet te dicht bij de rand maakt.

MADE
WITH
LOVE

❸ Vorm van een groen bolletje van 1,5 cm een blad. Teken de nerven met een tandenstoker (zie bladzijde 36). Prik aan beide kanten van het blad een gaatje, niet te dicht bij de rand. Als alles gebakken is, kun je de ketting in elkaar zetten.

Na het bakken plak je een klein houten lieveheersbeestje op het blad. Je kunt het lieveheersbeestje ook zelf maken van fimoklei (zie bladzijde 28)!

Voor de haarspeld maak je twee blaadjes (zie bladzijde 36) die je onder de bloemblaadjes bevestigt. Na het bakken vernis je de bloem en plak je hem met lijm op de haarspeld.

Terug naar school!

Potlood en gom zijn onmisbaar voor elke scholier, maar ze krijgen nu een heel nieuwe functie voor onze oren!

- klei voor het potlood: lichtblauw, oker
- klei voor de gom: lichtblauw, lichtroze
- kettelstiften
- oorhaken
- puntenslijper of precisiemes
- hobbymes
- vernis

Oorbel met potlood

❶ Maak een lichtblauwe bol van 1,5 cm en vorm daar een dun rolletje van 4,5 cm lang van. Maak twee oker bolletjes van 2 cm en maak daar plakken van 3 mm dik van. Snijd uit elke plak een rechthoek van 4,5 x 3,5 cm.

❷ Rol de eerste plak rond de lichtblauwe worst en daarna de tweede.

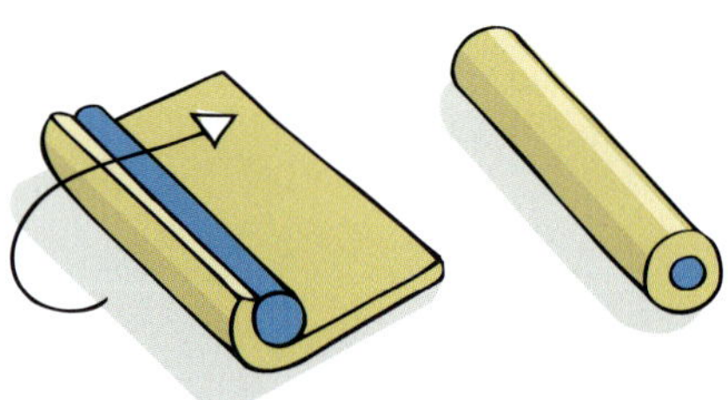

❸ Maak een dunne lichtblauwe plak en snijd daar een rechthoek van 4,5 x 4 cm uit. Bedek je rolletje met deze lichtblauwe laag. Rek de rol een beetje uit door hem tussen je handpalmen heen en weer te rollen.

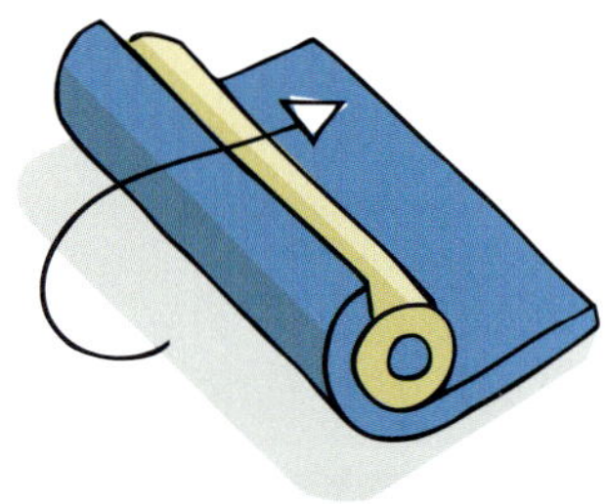

❹ Je kunt het potlood voor het bakken al slijpen met een mesje of na het bakken met een puntenslijper. Vergeet niet een kettelstift in het potlood te steken voordat je het in de oven bakt.

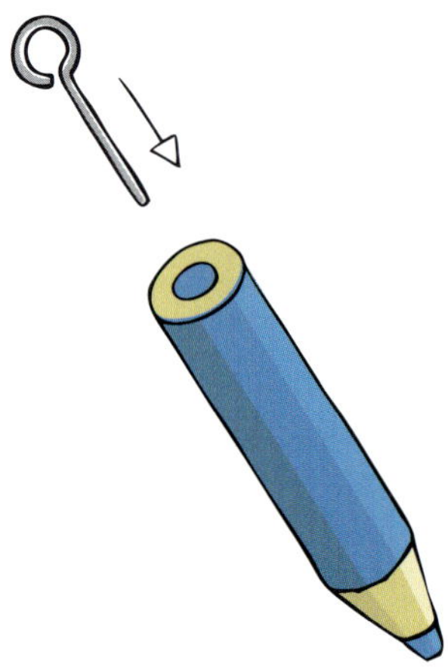

Oorbellen met gom

❶ Maak een roze en een blauwe bol met een doorsnede van 7 mm. Leg de bolletjes tegen elkaar en strijk ze glad totdat er een mooie bol ontstaat met aan elke kant een kleur.

❷ Duw de bol met een plaat plat, zodat hij rechthoekig wordt.

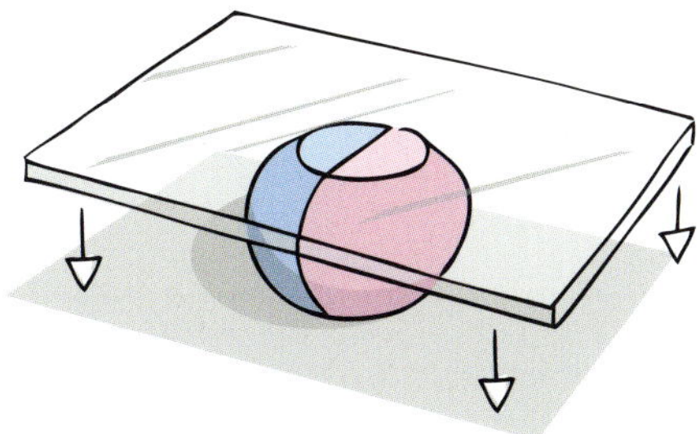

❸ Snijd beide kanten schuin af, zodat de vorm van een gom ontstaat. Steek er aan één kant een kettesltift in voordat je hem in de oven bakt.

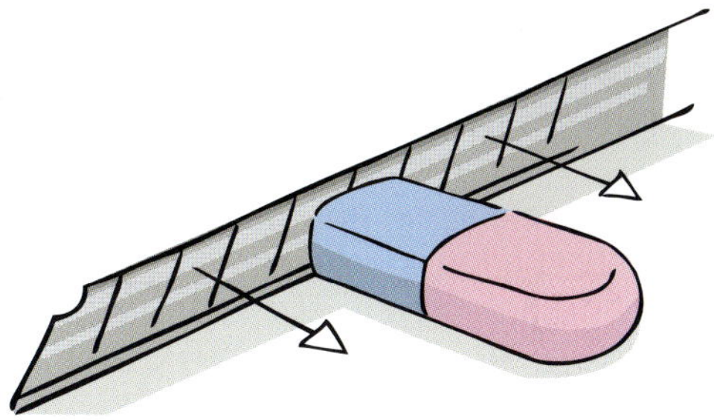

Mijn creaties

Mijn favoriete sieraad!

....

De sieraden waarop ik het meest trots ben:

....

....

....

....

Ik maak mijn eigen kleurengamma:

Het eerste sieraad dat ik gemaakt heb:

....

....

De sieraden die ik cadeau gegeven heb:

....

....

....

....

....

....

....

De sieraden waar ik mee bezig ben:

....

....

....

....

....

....

....

Mijn creaties

Enkele foto's van mijn zelfgemaakte sieraden met fimoklei:

Foto's: Fabrice Besse
Technische illustraties: Léa Eve

Originele titel: *Bijoux en pâte FIMO®* (Carine Le Guilloux)

Deze uitgave door: Deltas, België-Nederland.
Nederlandse vertaling: Marjan Lindt.
Gedrukt in België.

D-MMXIII-0001-173
NUR 214/244